ALLOCUTION

PRONONCÉE DANS L'ÉGLISE DE TULLY

Le 29 Mai 1886

PAR MONSIEUR L'ABBÉ MAILLARD

ALLOCUTION

Prononcée dans l'Église de Tully

LE 29 MAI 1886

POUR LE MARIAGE DE

Monsieur MICHELS avec Mademoiselle BOUTTÉ

———

Monsieur, Mademoiselle,

Au début des imposantes cérémonies du mariage chrétien, l'Église met dans la bouche de ses ministres de sages conseils et de précieuses leçons. Nous en avons la formule traditionnelle dans nos livres liturgiques, et je devrais la lire en ce moment devant vous... Mais je n'y trouve pas suffisamment l'expression de mes sentiments à votre égard, et je me permets de demander à mon cœur de prêtre et de pasteur reconnaissant les salutaires avis que vous attendez.

Monsieur, Mademoiselle, l'Église vous a marqués tous deux du sceau sacré du Baptême ; vous êtes chrétiens, et c'est comme chrétiens que vous venez recevoir le Sacrement qui sanctifie l'amour de l'homme et de la femme. C'est comme chrétiens que vous demandez à Dieu de bénir votre union et de consacrer les nœuds si doux qui vous unissent déjà.

Vous le savez, le mariage est une alliance étroite et sainte. Jésus-Christ, notre maître, en a fait un Sacrement, et l'Église a reçu la noble mission de bénir et de valider cet auguste contrat. C'est Dieu qui va recevoir vos serments, puisque vous les proclamerez aux pieds de ses autels, en présence de son ministre. N'oubliez jamais les engagements sacrés que vous allez prendre, et demeurez fidèles jusqu'à la mort aux saintes promesses qui vont s'échapper spontanément de vos cœurs émus.

Rappelez-vous toujours que dans la famille chrétienne, le premier maître c'est Dieu; respectez sa loi sainte, et ne lui refusez jamais à votre foyer la place d'honneur à laquelle il a droit. Si le Ciel veut que vous ayez à former des âmes d'enfants, souvenez-vous que le titre de père et de mère impose de graves obligations, et montrez-vous toujours à la hauteur de l'auguste dignité que vous recevrez de Dieu lui-même.

Ouvrez en ce moment vos âmes à l'action de la grâce divine. Recevez abondamment les faveurs du Sacrement; elles vous feront éviter les écarts et les conflits qui sont trop souvent l'écueil des unions de la terre, et si parfois des nuages s'élèvent à l'horizon de votre vie, ils se dissiperont sans retard au souffle bienfaisant de la Religion.

Les époux chrétiens, se sentant placés sous l'œil de Dieu, puisent dans cette grande pensée un respect mutuel qui anime leurs sentiments et leurs actes, et fait régner la paix, l'union, le bonheur le plus pur au sein de la famille.

Toutefois, ces précieux avantages sont promis seulement à ceux qui savent apprécier et comprendre leurs devoirs. Laissez-moi donc, Monsieur, vous rappeler spécialement vos saintes obligations.

Vous devez aimer votre épouse comme le Christ aime son Église. Traitez-la comme une autre vous-même, avec douceur et tendresse ; que vos soins, vos attentions, vos égards lui adoucissent ou plutôt lui fassent aimer le joug de sa dépendance. Restez-lui toujours uni et d'esprit et de cœur. Soyez sa force et son soutien ; marchez à ses côtés dans les sentiers de la la vertu. Suivez-la sur le chemin de l'église, et ne soyez jamais de ces hommes aveugles qui s’effrayent de la piété de leur épouse. Rappelez-vous plutôt que la piété de la femme est la sauvegarde du foyer et le bonheur de l’époux.

Vous, Mademoiselle, aimez votre époux comme votre maître et votre appui ; attachez-vous à lui procurer les consolations et les joies qu’il est en droit d’attendre de vous. Aidez-le à supporter les fatigues et les ennuis de ce pénible voyage qu’on appelle la vie ; puisez, dans votre cœur de femme chrétienne, à tous les trésors que la nature y a déposés et que l’éducation a si merveilleusement fécondés. Vous pouvez beaucoup ; c’est dire que vous devez beaucoup. La mort vous a ravi trop tôt les êtres bien-aimés qui devaient être les guides de votre enfance et de votre jeunesse ; mais la Providence veillait sur vous. Elle vous a conservé un autre père, intelligent et dévoué, en qui les ans ont respecté la force du corps, les ressources de l’esprit et les richesses du cœur. Il vous a largement dispensé les bienfaits d'une éducation aussi chrétienne que solide. Mettez à profit les trésors de votre esprit et de votre cœur; faites-les partager par tous ceux que vous aimerez. Faites des heureux, soyez heureuse vous-même. C'est le vœu de celui qui n'oubliera jamais que vous avez répondu des premières à son appel au jour où il réclamait sacrifice et dévouement. C'est le souhait le plus ardent de votre pasteur reconnaissant.....

Et maintenant, chrétiens, recueillez-vous en présence de votre Dieu; demandez-lui une dernière fois de sanctifier et de bénir votre union. Priez encore avec ferveur pendant l'auguste sacrifice où le Sauveur s'immolera spécialement pour vous. Vos prières ne monteront pas seules vers le trône de Dieu; elles arriveront à l'oreille de votre Père du Ciel en même temps que les vœux de vos parents et de vos amis; elles s'uniront à tous les souhaits de la reconnaissance et de l'amitié.

Laissez-moi vous le dire : il y a ici une voix
harmonieuse qui chantera bien longtemps votre
nom et votre bienfaisance ; elle ne sera que
l'écho des voix reconnaissantes qui vous recom-
manderont aujourd'hui et toujours à Celui dont
vous avez enrichi la maison.

Ayez espoir et confiance ; comptez sur votre
Dieu. Soyez fidèles à sa grâce, il vous accordera
des jours heureux, et au terme de la course,
vous vous retrouverez réunis par delà le tombeau,
et vous continuerez dans la céleste patrie l'amitié
sainte et pure que vous allez vous jurer aux
pieds des Autels.

86

IMPRIMERIE MICHELS & FILS

8 et 10, Passage du Caire, 8 et 10

PARIS